Ernst Probst

Greta Garbo - Die "Göttliche"

GRIN Verlag

Bibliografische Information der Deutschen Nationalbibliothek:

Die Deutsche Bibliothek verzeichnet diese Publikation in der Deutschen National-
bibliografie; detaillierte bibliografische Daten sind im Internet über http://dnb.d-
nb.de/ abrufbar.

Impressum:

Copyright © 2012 GRIN Verlag, Open Publishing GmbH
Druck und Bindung: Books on Demand GmbH, Norderstedt Germany
ISBN: 978-3-656-18925-1

Dieses Buch bei GRIN:

http://www.grin.com/de/e-book/193766/greta-garbo-die-goettliche

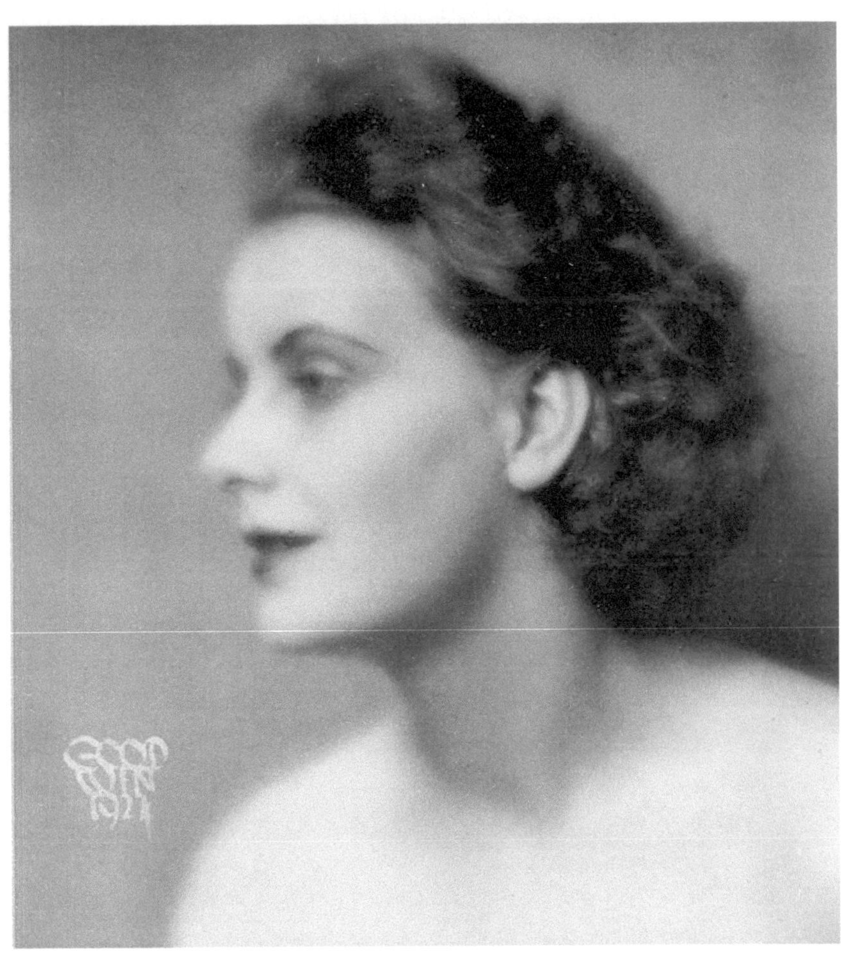

Greta Garbo (1905–1990) im Jahre 1924

Ernst Probst

Greta Garbo

Die „Göttliche"

Beate Werner,
Bernd Werner,
Marianne Werner,
Otto Werner,
Sonja Werner,
Dr. Jochen Werner,
Christine Werner und
Steffen Werner
gewidmet

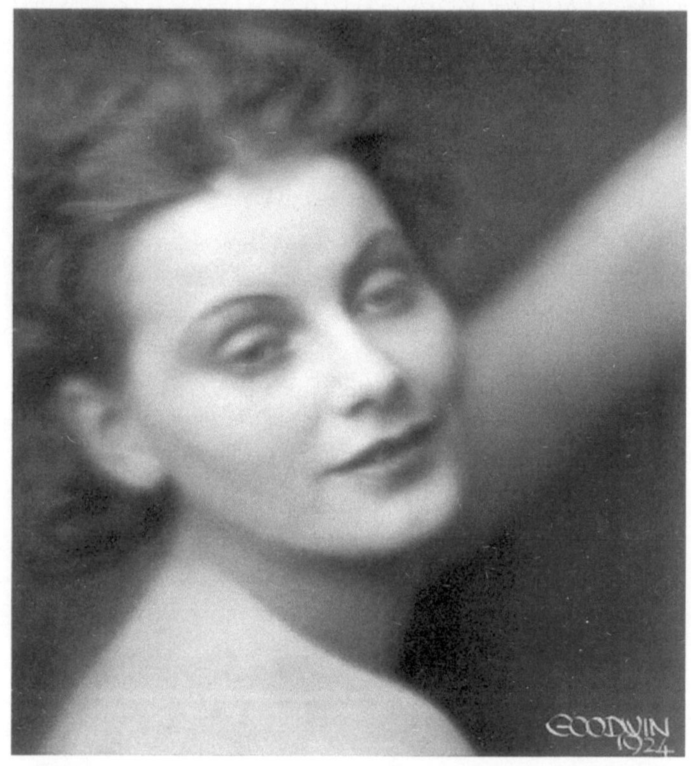

Greta Garbo im Jahre 1924

Greta Garbo

Die „Göttliche"

Zur Kultfigur des Films avancierte aufgrund zahlreicher Mythen und Legenden die schwedisch-amerikanische Filmschauspielerin Greta Garbo (1905–1990), deren bürgerlicher Name Greta Lovisa Gustafsson war. In Stummfilmen der 1920-er Jahre beeindruckte die „Göttliche" mit ihrer kühlen, nordischen Schönheit und durch ihr Talent, Gefühle mit sparsamen Gesten auszudrücken.

Greta Lovisa Gustafsson kam am 18. September 1905 in Stockholm zur Welt. Ihre Eltern hatten in jungen Jahren ihr Bauerndorf verlassen, weil sie dort keine Existenzgrundlage fanden. Der stattliche Vater Karl Alfred Gustafsson kränkelte, arbeitete als Straßenkehrer, sang im Männerchor und konnte dem Alkohol nicht widerstehen. Seine Ehefrau Anna, geborene Karlsohn, warf ihm oft vor, er sei ein Versager. Greta wuchs als jüngstes von drei Kindern im Stockholmer Arbeiterviertel Södermalm auf.

Bereits als kleines Mädchen bemalte Greta gerne ihr eigenes Gesicht und das anderer Familienmitglieder und zwang sie, mit ihr große Dramen aufzuführen. Sie hasste Menschenansammlungen, liebte die Einsamkeit, saß oft

 Greta Garbo

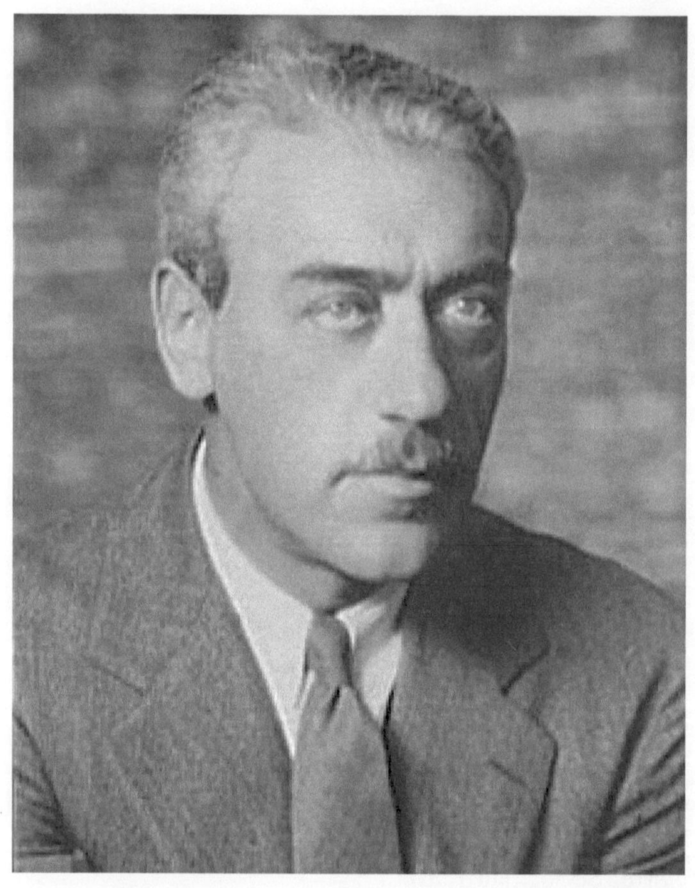

Mauritz Stiller (1883–1928)

allein in einer Ecke und sinnierte. Die elterliche Wohnung befand sich in einem verkommenen Haus, bestand nur aus der Küche und einem weiteren Zimmer.

Nach dem frühen Tod ihres Vaters arbeitete die 14-Jährige als Friseurgehilfin. Im Friseursalon fiel sie dem Sohn des reichsten schwedischen Kaufhausbesitzers auf, der ihr eine besser bezahlte Stelle als Verkäuferin in der Abteilung Damenkonfektion des väterlichen Warenhauses beschaffte. Als für einen Frühjahrskatalog ein Fotomodell für Hüte gesucht wurde, erhielt sie den Auftrag und war 1921 mit fünf Fotos in dem Katalog vertreten. Außerdem stand Greta Lovisa Gustafsson 1921/1922 für drei kleine Reklamefilme des Warenhauses vor der Kamera, wofür sie sich jeweils beurlauben ließ. Als man ihr einen weiteren Urlaub für Dreharbeiten verweigerte, kündigte sie ihre Stellung im Warenhaus und trat in der Filmposse „Luffar-Peter" („Luftfahrpeter", 1922) als Badeschönheit erstmals mit einer größeren Rolle auf.

Danach nahm Greta Lovisa Gustafsson an der Schauspielschule des Stockholmer „Dramatiska Teater" bei dem Regisseur Gustaf Molander (1888–1973) Unterricht. In der Abschiedsvorstellung der Schauspielschule im Frühjahr 1923 mimte sie die Ellida in dem Stück „Frau vom Meer" des norwegischen Dramatikers Henrik Ibsen (1828–1906).

Der schwedische Filmregisseur Mauritz Stiller (1883–1928) gab Greta Lovisa Gustafsson nach einer radikalen

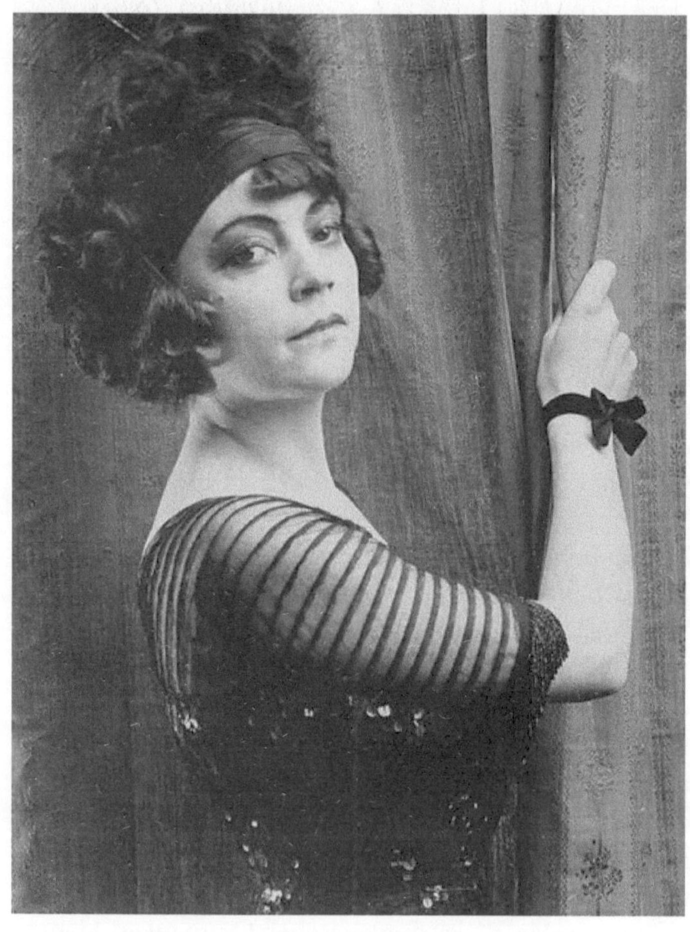

Asta Nielsen (1881–1972)

Abmagerungskur die Hauptrolle als Gräfin Elisabeth Dohna in seinem zweiteiligen Streifen „Gösta Berlings saga" (1924) nach dem Roman der schwedischen Schriftstellerin Selma Lagerlöf (1858–1940). Dieser Film machte sie rasch in Europa bekannt.
Wer das Pseudonym „Garbo" erfand, ist unklar. Im Schwedischen bedeutet das Wort „Garbo" „Kobold", im Spanischen „Anmut". Nach einer Version soll das Pseudonym von der Schauspielerkollegin Mimi Pollak (1903–1999) geprägt worden sein, nach einer anderen jedoch von Mauritz Stiller. Eher ein Bonmot dürfte die Version sein, der Name „Garbo" sei aus den Anfangsbuchstaben des schwedischen Satzes „Gör alla roller berömvärt opersonlight" („Sie spielt alle Rollen hervorragend unpersönlich") entstanden.
Den nächsten Erfolg auf der Kinoleinwand feierte Greta Garbo an der Seite von Asta Nielsen (1881–1972) und Werner Krauß (1884–1959) in dem deutschen Stummfilm „Die freudlose Gasse" (1925), den der österreichische Regisseur Georg Wilhelm Pabst (1885–1967) in Berlin drehte. Dabei verliebten sich der Drehbuchautor Willy Haas (1891–1973) und Pabst hoffnungslos in den Filmstar.
Als man Mauritz Stiller einen Hollywoodvertrag anbot, musste er mit Drohungen durchsetzen, dass Greta Garbo ebenfalls in die USA eingeladen wurde. Der Mitbegründer des Filmstudios „Metro-Goldwyn-Mayer" („MGM"), Louis B. Mayer (um 1885–1957),

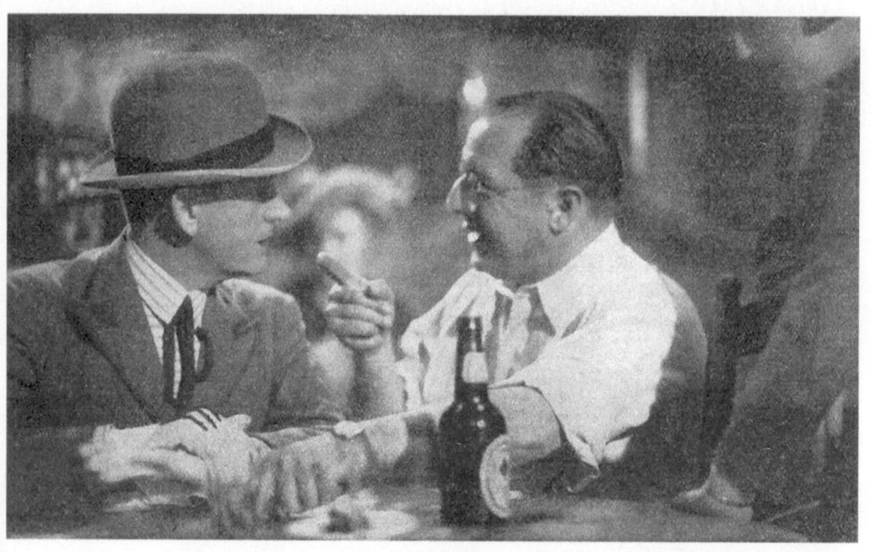

Georg Wilhelm Pabst (1885–1967),
rechts auf dem Foto zu sehen,
zusammen mit dem Schauspieler Albert Préjean
während der Dreharbeiten
für den Film „Die Dreigroschenoper" (1931)

hatte die Garbo anfangs für zu fett gehalten. In Hollywood waren er und andere Verantwortliche später entzückt über das neue Gesicht, manche Filmleute spöttelten jedoch auch über das „Bauernmädchen mit den großen Füßen".

Der erste Film, für den die Garbo in den USA vor der Kamera stand, hieß „The Torrent" („Fluten der Leidenschaft", 1926). Im Stummfilm „Flesh and the Devil" (Es war ...", 1927) mimte sie neben ihrem Liebhaber John Gilbert (1899–1936) noch einen Vamp, danach spielte sie immer öfter die in Schönheit Leidende, Edle und Reine.

Im Gegensatz zu vielen anderen Stars kam Greta Garbo nach dem Übergang vom Stumm- zum Tonfilm noch besser zur Geltung. Bereits ihr erster Tonfilm „Anna Christie" (1930) geriet zum Erfolg. Ihre seltsame, heisere Stimme in frühen Tonfilmen und ihr Ausspruch „Ich will, dass man mich in Ruhe läßt" in „Grand Hotel" („Menschen im Hotel", 1932) entwickelten sich immer mehr zum Markenzeichen Greta Garbos.

In Filmen wie „Mata Hari" (1931) über die gleichnamige niederländische Spionin und „Ninotschka" (1939) verkörperte Greta Garbo mit melancholischer Schönheit einen romantischen, unnahbaren Typ. „Ninotschka" war ihr letzter großer Erfolg und gilt als ihr bester amerikanischer Streifen. In ihm gelang dem Regisseur Ernst Lubitsch (1892–1947) das Kunststück, eine „lachende Garbo" zu präsentieren. Lubitsch glaubte,

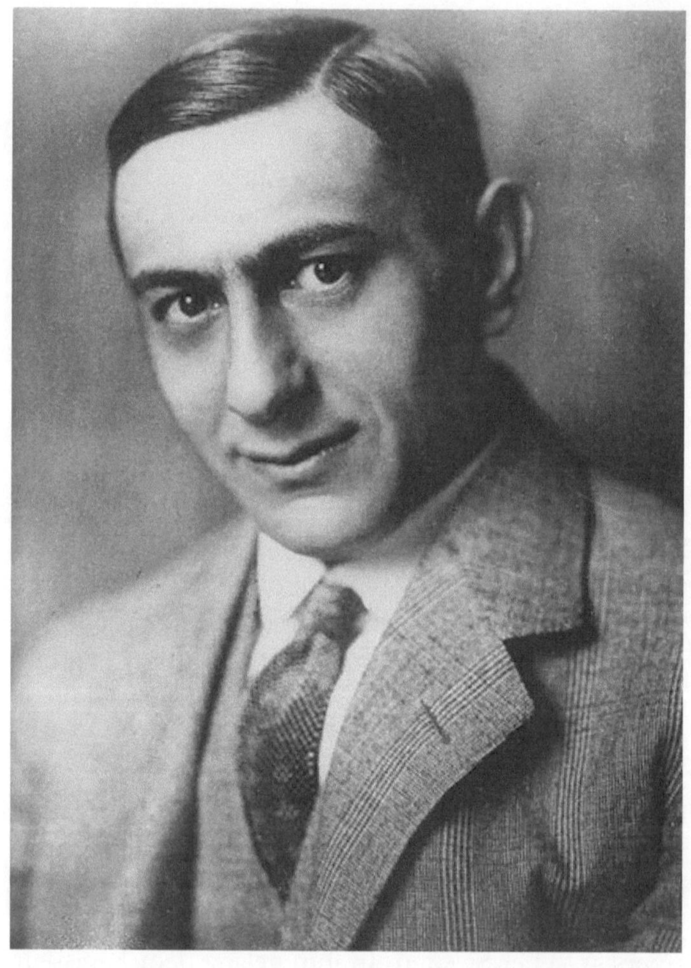

Ernst Lubitsch (1892–1947)

die Garbo sei so ziemlich der gehemmteste Mensch, mit dem er je zusammengearbeitet habe.

Auf wenig Gegenliebe beim Kinopublikum stieß der Film „Two-Faced Woman" („Die Frau mit den zwei Gesichtern", 1941). Darin hatte „MGM" – verunsichert durch europäische Marktverluste während des Zweiten Weltkrieges – Greta Garbo statt der großen romantischen Liebhaberin erstmals eine „gute Kameradin" verkörpern lassen. Die Garbo, die von der Idee besessen war, finstere Mächte wollten ihren Sturz, zog daraus unerbittlich die Konsequenzen und kehrte der Kinoleinwand den Rücken. Sie verließ Hollywood und zog nach New York City.

Danach bot man Greta Garbo zahlreiche Rollen an, von denen sie aber keine annahm. Jahrelang machten Gerüchte über ein Comeback auf der Kinoleinwand die Runde, doch die „Göttliche" – wie man sie respektvoll nannte – trat nie wieder vor eine Filmkamera. 1951 wurde sie amerikanische Staatsbürgerin. 1954 verlieh ihr die „Amerikanische Filmakademie" einen Sonder-„Oscar" für ihre unvergessenen Filmdarstellungen. Zwischen 1929 und 1939 wurde sie viermal für den „Oscar" nominiert.

1963 sagte die Garbo: „Das ewige Rätselraten darüber, ob ich wieder filmen werde oder nicht, finde ich albern. Der Mythos, der meine Person umgibt, bringt mir viel Geld ein, weil meine Filme von Zeit zu Zeit wieder vorgeführt werden. Würde ich bei meinem heutigen

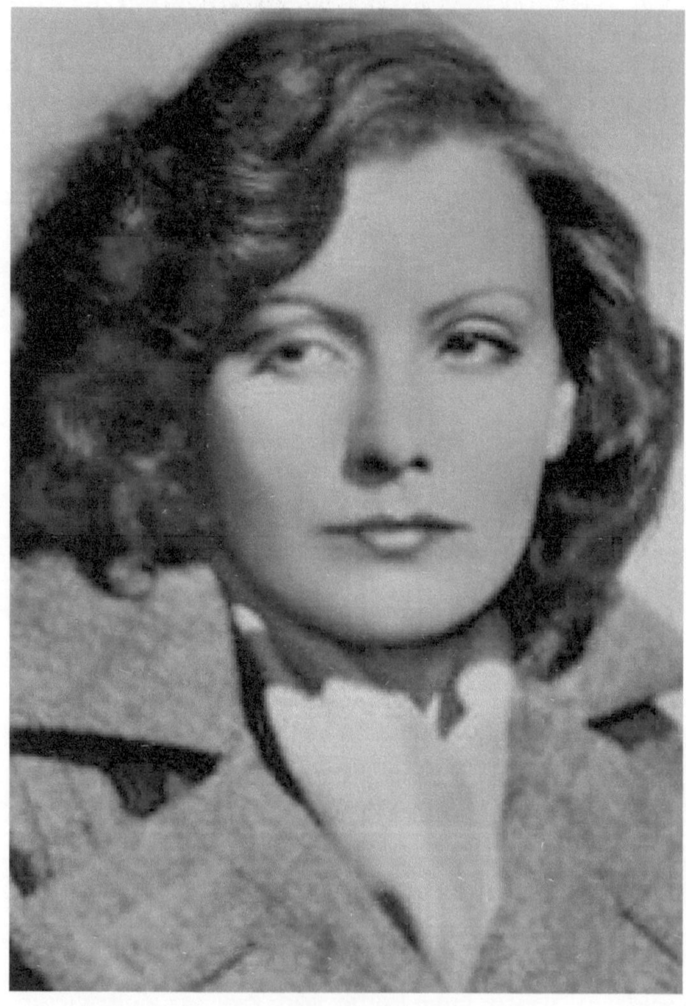

Greta Garbo: Foto aus einem Lexikon von 1930

Aussehen wieder vor die Kamera treten, wäre nicht nur dieser Mythos zerstört, sondern auch das Geschäft ruiniert".

Um das Leben von Greta Garbo ranken sich zahlreiche Legenden. Man sagte der unverheirateten Schauspielerin Beziehungen zu dem erwähnten Schauspieler John Gilbert, dem Produzenten und Regisseur Rouben Mamoulian (1897–1987), dem Ernährungsapostel Gaylord Hauser (1895–1984), dem Dirigenten Leopold Stokowski (1882–1977), dem verheirateten Millionär Georg Schlee (1899–1964) sowie dem britischen Fotografen und Bühnenbildner Cecil Beaton (1904–1980) nach.

Ab Beginn der 1930-er Jahre hatte Greta Garbo eine lesbische Beziehung zu der Drehbuchautorin Mercedes de Acosta (1893–1968). Der homosexuelle Cecil Beaton war gleichzeitig in die Garbo und in einen reichen und gebildeten Mann mit sadomasochistischen Neigungen verliebt. Nach anderer Lesart soll der homosexuelle Regisseur Mauritz Stiller der einzige gewesen sein, den die Garbo liebte, aber er erwiderte ihre Gefühle nicht. Gaylord Hauser fungierte bis zum Tod der Garbo als ihr Finanzberater, beiden gehörte fast die gesamte Rodeo Drive, eine Einkaufsstraße in Hollywood, die als „teuerste Meile der Welt" gilt.

Greta Garbo lebte in den letzten Jahren zurückgezogen in ihrer New Yorker Apartmentwohnung. Zuletzt litt sie an einer Nierenerkrankung, die ständige Dialyse

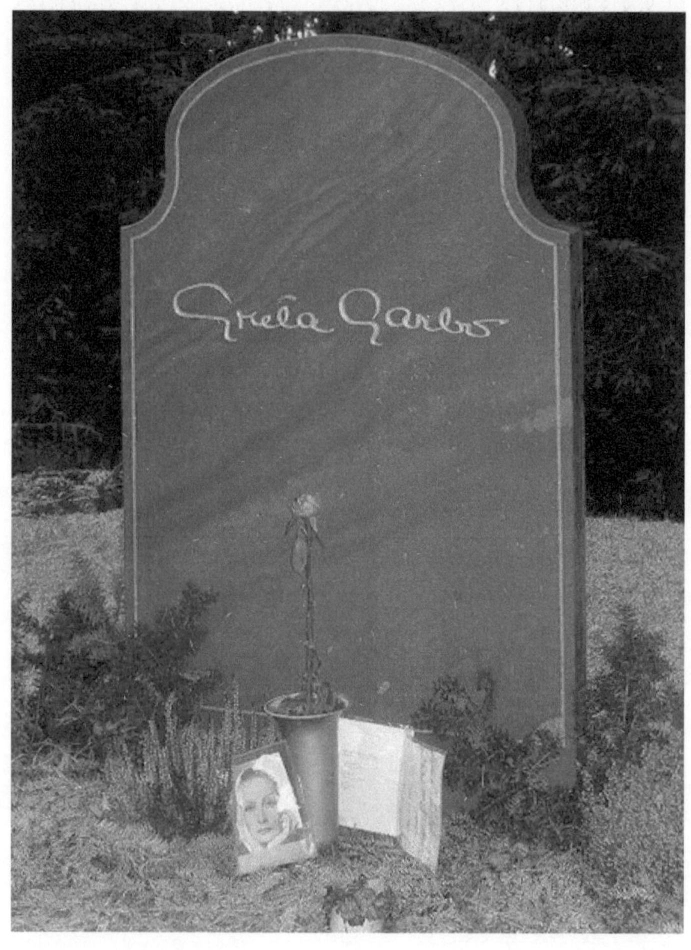

Grab von Greta Garbo
auf dem Waldfriedhof „Skogskyrkogaarden" in Stockholm

erforderte. Am 15. April 1990 starb sie im Alter von 84 Jahren in New York City. Alleinerbin wurde ihre Nichte Gray Reisfield.

Das „Hamburger Abendblatt" würdigte Greta Garbo in einem Nachruf mit den Worten: „Ihr Spiel war sparsam. Sie war einfach da. Wenn sie ihre langbewimperten Lider hob, war es, als bräche der Tag an; wenn sie sie senkte, als würde es Nacht ..."

Neun Jahre nach dem Tod der Garbo wurde die schlichte Bronzeurne mit ihrer Asche am 16. Juni 1999 auf dem idyllisch gelegenen Waldfriedhof „Skogskyrkogaarden" im Süden ihrer Geburtsstadt Stockholm beigesetzt. Einen Tag nach der Urnenbeisetzung fand eine Trauerfeier im Kreis ausgewählter Freunde statt. Nahe des Grabmals der Garbo sind ihre Eltern zur letzten Ruhe gebettet.

Seit 1992 erinnert im Stadtteil Södermalm von Stockholm der „Greta Garbos Torg" („Greta-Garbo-Platz") an die „Göttliche". Er befindet sich unweit der Schule, in die Greta einst gegangen war.

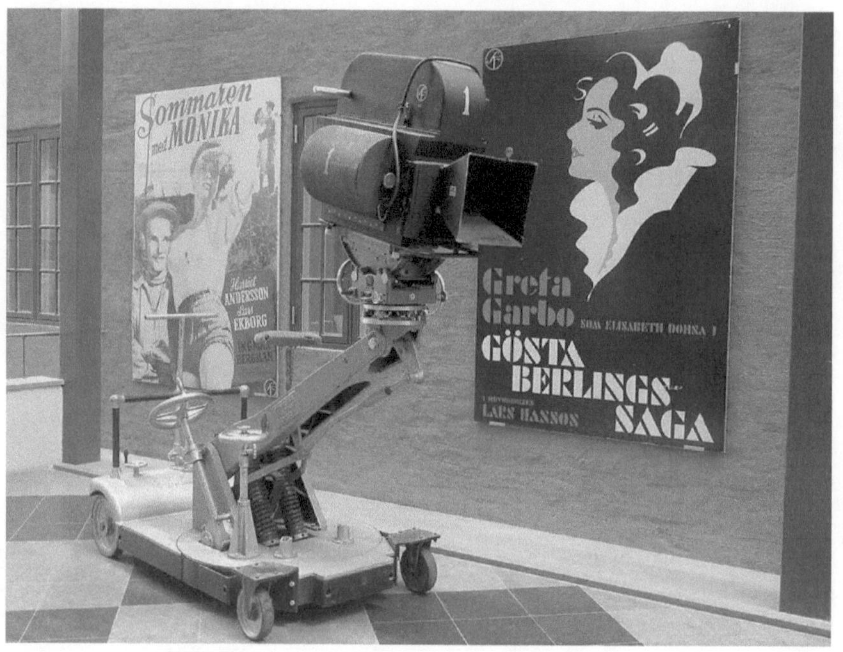

Plakat mit Bild von Greta Garbo
in der ehemaligen Filmstadt („Filmstaden")
in Solna bei Stockholm.
Dort entstand ein großer Teil
der schwedischen Filmproduktionen
zwischen 1920 und 1969.

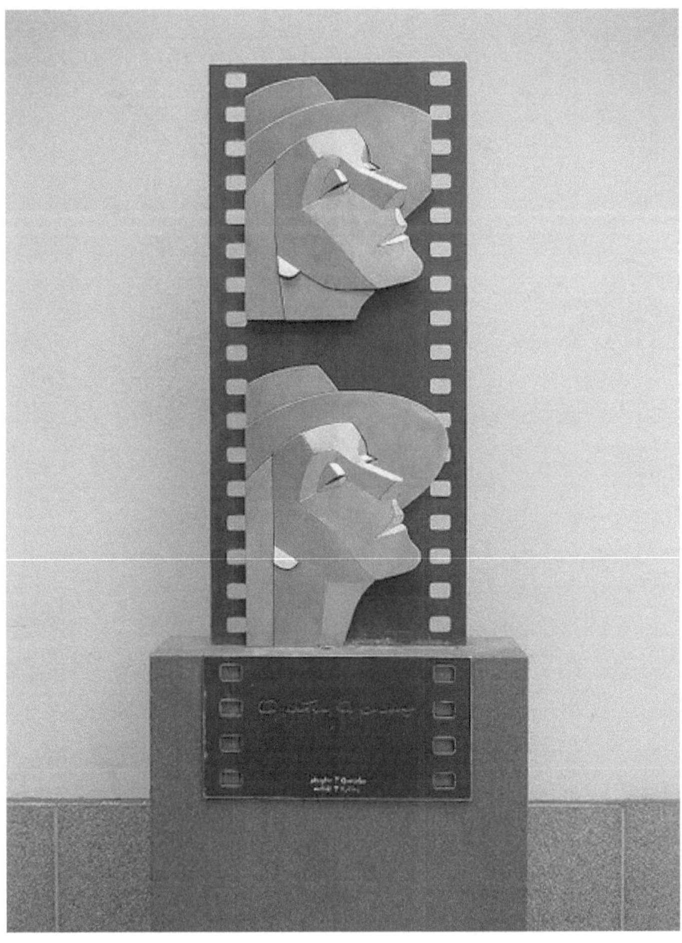

*Skulptur „Greta Garbo" von Thomas Qvarsebo
in der ehemaligen Filmstadt („Filmstaden") in Solna (Schweden)*

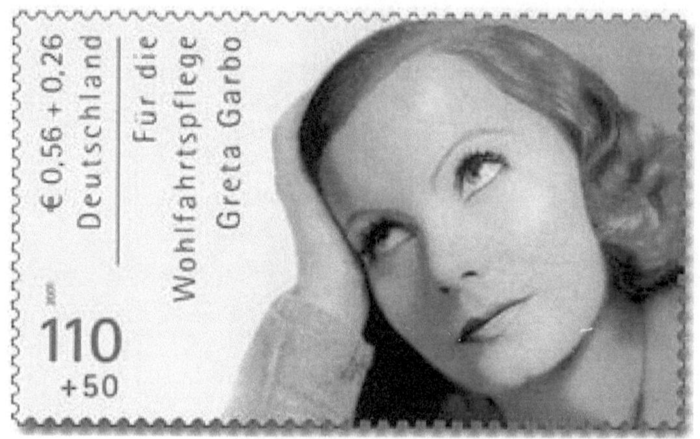

Briefmarke (110 + 50 Pfennig)
der Deutsche Post AG vom 11. Oktober 2001
mit dem Bild von Greta Garbo,
Entwurf von Antonia Graschberger

Foto auf Seite 23:

„Greta Garbo Memorial"
von Thomas Qvarsebo
am „Greta Garbos Torg"
(„Greta-Garbo-Platz")
in Stockholm

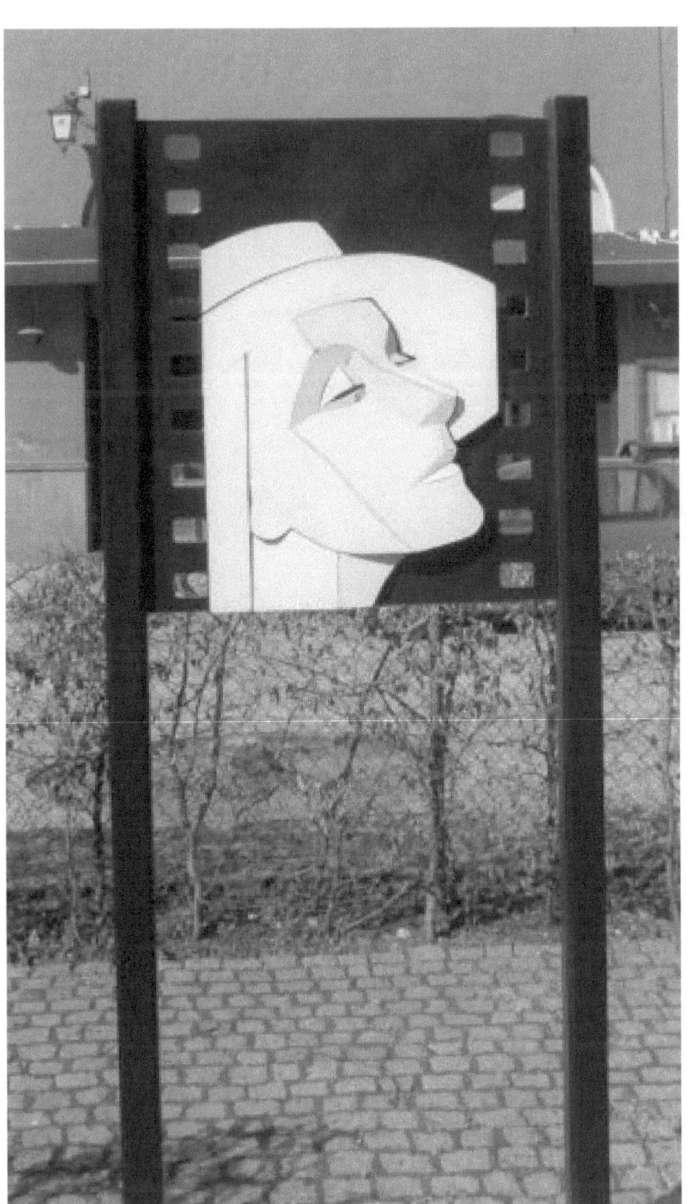

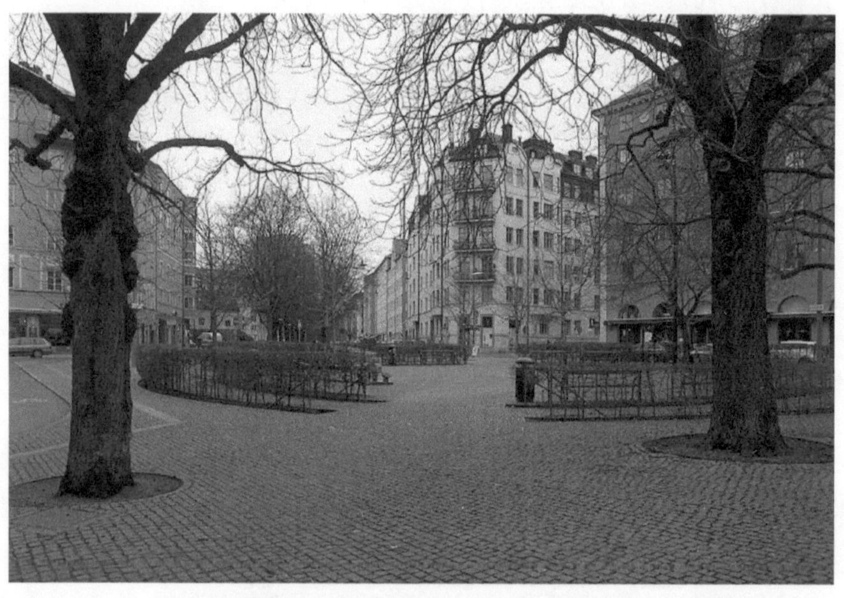

„Greta Garbos Torg" („Greta-Garbo-Platz")
im Stadtteil Södermalm von Stockholm

Filme von Greta Garbo

(Auswahl)

1921: Herr och Fru Stockholm (Schweden) – Regie:
Kapitän Ragnar Ring, Reklamefilm für das
Stockholmer Kaufhaus PUB (Länge ca. 5 Minuten)
1922: Konsumtionsföreningen Stockholm med
Omned (Schweden) – Regie: Kapitän Ragnar Ring,
Reklamefilm für die Backwarenabteilung der
Konsumentenvereinigung von Stockholm und
Umgebung (Länge ca. 8 Minuten)
1922: Luffar-Petter (Schweden) – Regie: Erik A.
Petschler
1924: Gösta Berling (Gösta Berlings Saga) (Schweden)
1925: Die freudlose Gasse (Deutschland)
1926: Fluten der Leidenschaft (Torrent)
1926: Dämon Weib (auch Totentanz der Liebe) (The
Temptress)
1927: Es war (Flesh and the Devil)
1927: Anna Karenina (Love)
1928: Das göttliche Weib (The Divine Woman)
1928: Der Krieg im Dunkel (auch Die Dame von
Loge 13) (The Mysterious Lady)
1928: Eine schamlose Frau (auch Herrin der Liebe)
(A Woman of Affairs)

1929: Wilde Orchideen (Wild Orchids)
1929: Unsichtbare Fesseln (The Single Standard)
1929: Der Kuß (The Kiss)
1930: Anna Christie
1930: Romanze (Romance)
1930: Anna Christie – deutsche Version
1931: Yvonne (Inspiration)
1931: Helgas Fall und Aufstieg (Susan Lenox – Her Fall and Rise)
1931: Mata Hari
1932: Menschen im Hotel (Grand Hotel)
1932: Wie Du mich wünschst (As You Desire Me)
1933: Königin Christine (Queen Christina)
1934: Der bunte Schleier (The Painted Veil)
1935: Anna Karenina
1936: Die Kameliendame (Camille)
1937: Maria Walewska (Conquest)
1939: Ninotschka (Ninotchka)
1941: Die Frau mit den zwei Gesichtern (Two-Faced Woman)

Quelle: Wikipedia und Internet Movie Database

Zitate von Greta Garbo

Das schwächere Geschlecht ist das stärkere –
wegen der Schwäche des stärkeren
für das Schwächere.

Es gibt Frauen,
die von Jahr zu Jahr unschuldiger werden.

Ich habe das Inkognito schon immer gemocht.
Das ist eine Art Ölzeug, das man überzieht,
um den Stürmen der Neugierde zu trotzen.

Verliebt ist jeder einmal. Aber heiraten?
Ich habe immer dieses übermächtige Verlangen,
allein zu sein.

Wirklich reich ist ein Mensch nur dann,
wenn er das Herz eines geliebten Menschen besitzt.

Literatur

FEMBIO Frauen-Biographie-Forschung
http://www.fembio.org
INTERNET MOVIE DATABASE
(Film-Datenbank)
http://www.imdb.com
PARIS, Barry: Garbo. Die Biographie, Berlin 1997
PROBST, Ernst: Superfrauen 7 – Film und Theater, Mainz-Kostheim 2001
PROBST, Ernst: Königinnen des Films, München 2012
PUBLIKUMSLIEBLINGE NICHT NUR VON GESTERN http://www.steffi-line.de
Internetseite von Stephanie D'heil, Düsseldorf
REISFIELD, Scott / DANCE, Robert: Greta Garbo. Das private Album, Berlin 2005
SEIDEL, Hans-Dieter: Die fremde Frau. Greta Garbo zum Achtzigsten. Frankfurter Allgemeine Zeitung, 18. September 1985, Frankfurt am Main
WALKER, Alexander: Greta Garbo. Ein Porträt, München 1983
WIKIPEDIA (Online-Lexikon)
http://wikipedia.org
WINNERT, Derek (Herausgeber): Greta Garbo. Aus: Kino. Die große Welt der Filme und Stars, S. 93, Niedernhausen 1995

Bildquellen

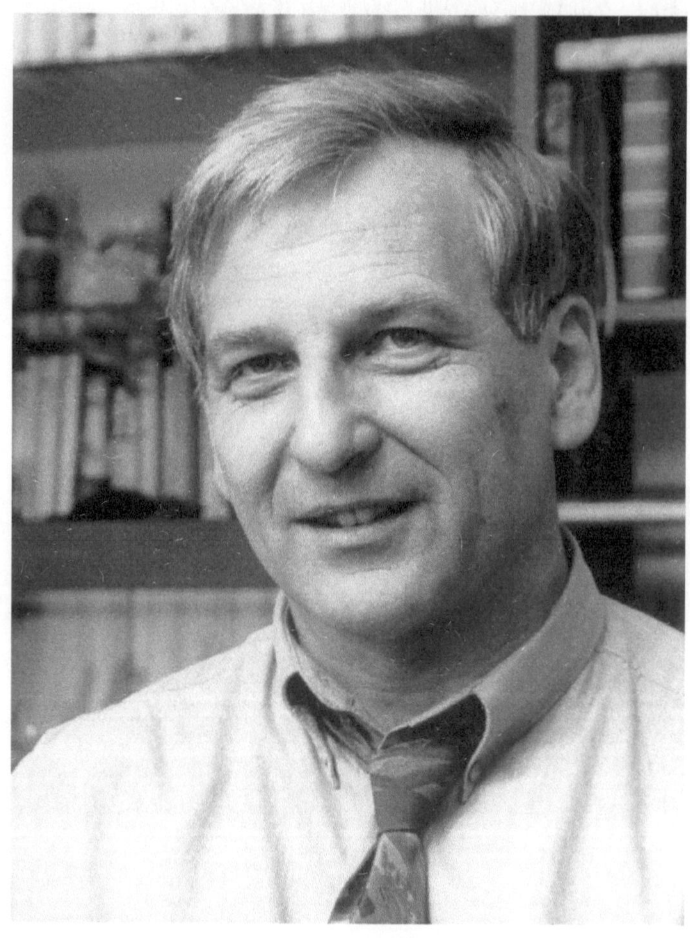

Autor Ernst Probst

Der Autor Ernst Probst

Ernst Probst, geboren am 20. Januar 1946 in Neunburg vorm Wald im bayerischen Regierungsbezirk Oberpfalz, ist Journalist und Wissenschaftsautor. Er arbeitete von 1968 bis 1971 als Redakteur bei den „Nürnberger Nachrichten", von 1971 bis 1973 in der Zentralredaktion des „Ring Nordbayerischer Tageszeitungen" in Bayreuth und von 1973 bis 2001 bei der „Allgemeinen Zeitung", Mainz. In seiner Freizeit schrieb er Artikel für die „Frankfurter Allgemeine Zeitung", „Süddeutsche Zeitung", „Die Welt", „Frankfurter Rundschau", „Neue Zürcher Zeitung", „Tages-Anzeiger", Zürich, „Salzburger Nachrichten", „Die Zeit", „Rheinischer Merkur", „Deutsches Allgemeines Sonntagsblatt", „bild der wissenschaft", „kosmos", „Deutsche Presse-Agentur" (dpa), „Associated Press" (AP) und den „Deutschen Forschungsdienst" (df). Aus seiner Feder stammen die Bücher „Deutschland in der Urzeit" (1986), „Deutschland in der Steinzeit" (1991) und „Deutschland in der Bronzezeit" (1996). Von 2001 bis 2006 betätigte sich Ernst Probst als Buchverleger sowie zeitweise als internationaler Fossilienhändler und Antiquitätenhändler. Insgesamt veröffentlichte er rund 200 Bücher, Taschenbücher, Broschüren und E-Books.

Bücher von Ernst Probst

(Auswahl)

Als Mainz noch nicht am Rhein lag

Annie Oakley
Die Meisterschützin des Wilden Westens

Archaeopteryx. Der Urvogel
aus Bayern

Christl-Marie Schultes. Die erste Fliegerin in Bayern
(zusammen mit Theo Lederer)

Cortés und Malinche. Der spanische Eroberer
und seine indianische Geliebte

Der Europäische Jaguar

Der Mosbacher Löwe
Die riesige Raubkatze aus Wiesbaden

Der Rhein-Elefant
Das Schreckenstier von Eppelsheim

Der Sögel-Wohlde-Kreis

Die nordische Bronzezeit in Deutschland

Die Hügelgräber-Kultur in Deutschland

Die ältere Bronzezeit in Nordrhein-Westfalen

Die Bronzezeit in der Lüneburger Heide

Die Stader Gruppe

Die Oldenburg-emsländische Gruppe

Die Urnenfelder-Kultur in Deutschland

Die ältere Niederrheinische Grabhügel-Kultur

Die Unstrut-Gruppe

Die Helmsdorfer Gruppe

Die Saalemündungs-Gruppe

Die Lausitzer Kultur in Deutschland

Eiszeitliche Leoparden in Deutschland

Frauen im Weltall

Hildegard von Bingen. Die deutsche Prophetin

Höhlenlöwen. Raubkatzen
im Eiszeitalter

Julchen Blasius
Die Räuberbraut des Schinderhannes

Katharina II. die Große.
Die Deutsche auf dem Zarenthron

Johann Jakob Kaup
Der große Naturforscher aus Darmstadt

Königinnen der Lüfte in Deutschland

Königinnen der Lüfte in Europa

Königinnen der Lüfte in Amerika

Königinnen der Lüfte von A bis Z

Rund 70 Kurzbiografien berühmter Fliegerinnen,
Ballonfahrerinnen, Luftschifferinnen,
Fallschirmspringerinnen, Astronautinnen und
Kosmonautinnen

Königinnen des Films

Königinnen des Tanzes

Königinnen des Theaters

Malende Superfrauen

Meine Worte sind wie die Sterne

Die Entstehung der Rede des Häuptlings Seattle
(zusammen mit Sonja Probst)

Monstern auf der Spur
Wie die Sagen über Drachen, Riesen
und Einhörner entstanden

Neues vom Ur-Rhein
Interview mit dem Geologen und Paläontologen
Dr. Jens Sommer

Österreich in der Frühbronzezeit

Österreich in der Mittelbronzezeit

Österreich in der Spätbronzezeit

Pompadour und Dubarry. Die Mätressen
von Louis XV.

Raub-Dinosaurier von A bis Z.
Mit Zeichnungen von Dmitry Bogdanav
und Nobu Tamura

Rekorde der Urmenschen
Erfindungen, Kunst und Religion

Rekorde der Urzeit
Landschaften, Pflanzen und Tiere

Säbelzahnkatzen. Von Machairodus
bis zu Smilodon

Säbelzahntiger am Ur-Rhein. Machairodus
und Paramachairodus

Superfrauen aus dem Wilden Westen

Superfrauen 1 – Geschichte

Superfrauen 2 – Religion

Superfrauen 3 – Politik

Superfrauen 4 – Wirtschaft und Verkehr

Superfrauen 5 – Wissenschaft

Superfrauen 6 – Medizin

Superfrauen 7 – Film und Theater

Superfrauen 8 – Literatur

Superfrauen 9 – Malerei und Fotografie

Superfrauen 10 – Musik und Tanz

Superfrauen 11 – Feminismus und Familie

Superfrauen 12 – Sport

Superfrauen 13 – Mode und Kosmetik

Superfrauen 14 – Medien und Astrologie

Tony und Bruno Werntgen. Zwei Leben für die Luftfahrt
(zusammen mit Paul Wirtz)

Was ist ein Menhir?
Interview mit dem Mainzer Archäologen
Dr. Detert Zylmann

Weisheiten der Indianer

Wer ist der kleinste Dinosaurier?
Interviews mit dem Wissenschaftsautor Ernst Probst

Wer war der Stammvater der Insekten?
Interview mit dem Stuttgarter Biologen
und Paläontologen Dr. Günther Bechly

Zenobia von Palmyra.
Eine Frau kämpft gegen die Römer

Bestellungen bei: http://www.grin.com